读好书系列 彩色插图版 DUHAOSHU XILIE

孟子

（战国）孟轲◎著

墨人◎主编

孟子生活在「百家争鸣」的时代，是中国先秦儒家的主要代表人物之一。「孟子」一书发展了孔子「仁」的思想，提出了仁政主张和「民贵」「君轻」的民本主义思想。他的著述极大地影响着后世，他也因此被尊奉为仅次于孔子的「亚圣」。

吉林出版集团股份有限公司

图书在版编目（CIP）数据

孟子 / （战国）孟轲著；墨人主编. — 长春:吉林出版
集团股份有限公司，2011.11
（读好书系列）
ISBN 978-7-5463-6925-9

Ⅰ. ①孟… Ⅱ. ①孟… ②墨… Ⅲ.①儒家 ②孟子—
青年读物 ③孟子—少年读物 Ⅳ. ①B222.5–49

中国版本图书馆 CIP 数据核字（2011）第 219578号

孟 子
MENGZI

主　　编　墨　人
出 版 人　吴　强
责任编辑　尤　蕾
助理编辑　杨　帆
开　　本　710mm×1000mm　1/16
字　　数　100 千字
印　　张　10
版　　次　2011 年 11 月第 1 版
印　　次　2022 年 9 月第 3 次印刷

出　　版　吉林出版集团股份有限公司
发　　行　吉林音像出版社有限责任公司
地　　址　长春市南关区福祉大路5788号
电　　话　0431–81629667
印　　刷　河北炳烁印刷有限公司

ISBN 978-7-5463-6925-9　　　　定价:34.50 元

版权所有　侵权必究

前言
QIAN YAN

孟子生活在"百家争鸣"的时代,是中国先秦儒家的主要代表人物之一。《孟子》一书发展了孔子"仁"的思想,提出了仁政主张和"民贵""君轻"的民本主义思想。他的著述极大地影响着后世,他也因此被尊奉为仅次于孔子的"亚圣"。

《孟子》一书作为《四书五经》的一部分,曾是我国封建时期蒙童幼学和科考取士的一个重要课目,一直被奉为圣言先哲和儒家的重要经典而累世不弃。我国在新的教育体制形成后,才把这些包含着封建纲常的四书五经牵出人们的视线。

《孟子》所宣传的思想虽然不被当时的统治阶级所采纳,却乐于为世人所接受,它所宣传的"仁、义、礼、智、信",在两千多年后的今天仍被人们推崇,并于自觉和不自觉间成为少年儿童道德修养的思想和行动指南。但是,目前有些年轻人,特别是年轻的家长,他们对经典国学的认识存在着一些偏见,甚至谈"子"色变。究其原因是他们认为四书五经中的文字生僻、艰涩难懂,不像其他古诗那样琅琅上口,殊不知这种微言大义、言简意赅的文字里包含着极大的哲理,具有永恒的价值。它不仅从统治阶级的角度论述了"仁政",也从个人的角度谈及了"修身",并用了深入浅出的方法、口语对话的形式,把"齐家、修身、治国、平天下"等宏图大略浓缩于笔墨之间,让人们一目了然。

为了帮助少年儿童诵读和研习《孟子》及众多的国学经典,我们于《孟子》一书中,分不同章节遴选了部分章句,并对其进行了编译。同时,我们还将收录的章句都编拟了一个小标题,以方便大家的记忆。但由于编者的水平有限,很难全面驾驭和领会圣人的训教,如有偏差和疏漏之处,敬请批评指正。

编　者

目录

MU LU

《孟子·梁惠王上》篇

惠王问利 /1

孟子答疑 /4

孟子论道 /6

惠王问政 /9

孟子说仁 /11

《孟子·梁惠王下》篇

谈音喻政 /13

孟子释义 /17

宣王问政 /19

尽责无愧 /23

耳听为虚 /25

事不关己 /28

《孟子·公孙丑上》篇

浩然之气 /31

以德服人 /35

自求多福 /37

孟子言商 /40

礼义廉耻 /42

与人为善 /46

《孟子·公孙丑下》篇

天时地利 /48

取之有道 /51

舍我其谁 /54

《孟子·滕文公上》篇

人性本善 /56

《孟子·滕文公下》篇

能屈能伸 /59

成人之道 /63

有疾速治 /66

《孟子·离娄上》篇

不仁害大 /68

躬身自省 /70

仁者见仁 /72

真诚至善 /74

说理论道 /76

何以教子 /78

《孟子·离娄下》篇

怠政亲民 /80

上行下效 /82

折矢纵师 /85

反躬自问 /88

不孝之举 /91

齐人娇妻 /93

《孟子·万章上》篇

游鱼欺主 /96

虞舜待天 /98

《孟子·万章下》篇

交友之道 /103

司职尽责 /107

交新结旧 /109

《孟子·告子上》篇

君善民兴 /111

一曝十寒 /115

舍生取义 /118

舍本逐末 /122

重身则迷 /125

《孟子·告子下》篇

神形兼顾 /128

何堪大任 /131

《孟子·尽心上》篇

安详自得 /134

君子本性 /136

《孟子·梁惠王上》章句之

惠王问利

孟子见梁惠王。王曰："叟！不远千里而来，亦将有以利吾国乎？"

孟子

孟子对曰："王何必曰利？亦有仁义而已矣。王曰：'何以利吾国？'大夫曰：'何以利吾家？'士庶人曰：'何以利吾身？'上下交征利而国危矣。万乘之国，弑其君者，必千乘之家；千乘之国，弑其君者，必百乘之家。万取千焉，千取百焉，不为不多矣。苟为后义而先利，不夺不餍。未有仁而遗其亲者也，未有义而后其君者也。王亦曰仁义而已矣，何必曰利？"

【译　文】

孟子拜见梁惠王。惠王说："老先生，你不远千里而来，一定是有对我的国家有利的好办法吧？"

孟子回答说："大王为什么张嘴就提到利呢？其实，单说'仁义'二字就行了。大王说'怎么能利于我的国家？'，大夫说'怎么能利于我的家庭？'，普通的士人和老百姓说'怎么能利于我自己？'。这样，上上下下对利益明争暗夺，国家可就危险了啊！在一个拥有一万辆兵车的国家里，杀害国君的人，一定是拥有一千辆兵车的大夫；在一个拥有一千辆兵车的国家

里，杀害国君的人，一定是拥有一百辆兵车的大夫。这些大夫在一万辆兵车中就拥有一千辆，在一千辆兵车中就拥有一百辆，他们所拥有的不算不多吧。但是，假如这些人把义放在后面而把利摆在前面，他们不夺得国君的地位是不会满足的。反过来说，从来没有讲'仁'的人抛弃父母，也从来没有讲'义'的人不顾君王。所以，大王只说仁义就行了，何必非要谈到利呢？"

《孟子·梁惠王上》章句之

孟子答疑

孟子见梁惠王。王立于沼上，顾鸿雁麋鹿，曰："贤者亦乐此乎？"

孟子对曰："贤者而后乐此，不贤者虽有此，不乐也。《诗》云：'经始灵台，经之营之，庶民攻之，不日成之。

经始勿亟（jí），庶民子来。王在灵囿，麀（yōu）鹿攸伏。麀鹿濯（zhuó）濯，白鸟鹤鹤。王在灵沼，于牣（rèn）鱼跃。'文王以民力为台为沼，而民欢乐之，谓其台曰'灵台'，谓其沼曰'灵沼'，乐其有麋鹿鱼鳖。古之人与民偕乐，故能乐也。《汤誓》曰：'时日曷丧？予及女（汝）偕亡！'民欲与之偕亡，虽有台池鸟兽，岂能独乐哉？"

【译 文】

孟子拜见梁惠王。梁惠王站在池塘边，看着鸿雁麋鹿说："有贤德的人也有这样的乐趣吗？"

孟子回答说："正因为是贤人才会有这样的乐趣，不贤德的人就算拥有这些，也不会觉得快乐。《诗经》上说：'开始规划造灵台，仔细营造巧安排。天下百姓都来干，几天建成速度快。建台本来不用急，百姓热情主动来。国王游览灵园中，母鹿伏在绿草丛。母鹿肥硕毛色润，白鸟洁净羽毛丰。国王游览到灵沼，满池鱼儿欢跳跃。'周文王虽然用了老百姓的力气来修建高台深池，可是老百姓为此而感到高兴，把那个台叫作'灵台'，把那个池叫作'灵沼'，以那里面有麋鹿鱼鳖等珍禽异兽为乐。古代的君王与民同乐，所以能真正快乐。相反，《汤誓》里说：'你这太阳啊，什么时候毁灭呢？我们不能忍受了，宁肯与你一起毁灭！'老百姓恨不得与夏桀同归于尽，他即使有高台深池、珍禽异兽，又怎能独自享受快乐呢？"

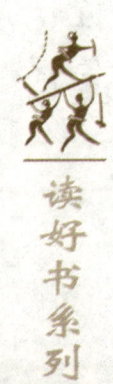

《孟子·梁惠王上》章句之

孟子论道

　　梁惠王曰："寡人之于国也，尽心焉耳矣。河内凶，则移其民于河东，移其粟于河内。河东凶亦然。察邻国之政，无如寡人之用心者。邻国之民不加少，寡人之民不加多，何也?"

孟子

孟子对曰："王好战，请以战喻。填然鼓之，兵刃既接，弃甲曳（yè）兵而走，或百步而后止，或五十步而后止。以五十步笑百步，则何如？"

曰："不可。直不百步耳，是亦走也。"

曰："王如知此，则无望民之多于邻国也。不违农时，谷不可胜食也；数罟（gǔ）不入洿（wū）池，鱼鳖不可胜食也；斧斤以时入山林，材木不可胜用也。谷与鱼鳖不可胜食，材木不可胜用，是使民养生丧死无憾也。养生丧死无憾，王道之始也。"

【译 文】

梁惠王说："我治理国家，算是尽心尽力了吧。河内发生饥荒，我就把那里的灾民迁移到没有发生饥荒的河东去，并把河东的粮食调拨一些到河内。如果河东发生了饥荒，我也照这样子去做。我仔细研究过邻国的施政方法，发现邻国君主没有像我这样为百姓尽心尽力的，可是邻国的人口却没有减少，我国的百姓也没有增多，这到底是为什么呢？"

孟子回答说："大王您喜欢打仗，就让我用打仗来打比方吧。战鼓已经咚咚地擂响，双方刀枪锋芒相撞，战败的士兵就丢下盔甲和兵器逃跑，有的跑了一百步才停下，有的只跑了五十步就停下了。如果那些跑了五十步的士兵嘲笑跑了一百步的人，这事您怎么看呢？"惠王说："不可以。他们只不过是没跑一百步罢了，但这也是逃跑啊！"孟子说："大王如果知道这个道理，那就不该期望您的百姓比邻国的多了。不误农时，那么粮食就会多得吃不完；不用太细太密的网到池塘里捕鱼，鱼鳖就会多得吃不完；砍伐树木也按时节规律，那么木料就会用之不绝。粮食和鱼鳖

孟子

吃不完，木料也用不完，那么百姓对生老病死也就没有什么遗憾。百姓对生老病死没有遗憾，就正是王道的开始。

《孟子·梁惠王上》章句之

惠王问政

梁惠王曰："寡人愿安承教。"

孟子对曰："杀人以梃（tǐng）与刃，有以异乎？"

孟子

曰："无以异也。"

"以刃与政，有以异乎？"

曰："无以异也。"

曰："庖有肥肉，厩有肥马，民有饥色，野有饿莩（piǎo）（殍）。此率兽而食人也！兽相食，且人恶之；为民父母，行政，不免于率兽而食人，恶在其为民父母也？仲尼曰：'始作俑者，其无后乎！'为其象人而用之也。如之何其使斯民饥而死也？"

【译 文】

梁惠王说："我很愿意听您的指教。"

孟子回答说："用木棒打死人和用刀子杀死人有什么不同吗？"

梁惠王说："没有什么不同。"

（孟子又问：）"用刀子杀死人和用政治害死人有什么不同吗？"

惠王答道："没有什么不同。"

孟子于是说："厨房里有肥嫩的肉，马房里有健壮的马，可是老百姓面黄肌瘦，野外还有饿死的人。这

就等于处在统治地位的人在率领着野兽吃人啊！野兽自相残杀，人滑土厌恶它；作为老百姓的父母官，施行政治，却不亚于率领野兽来吃人，那又怎么能够做老百姓的父母官呢？孔子说：'最开始用俑陪葬的人，他应该断子绝孙！'因为土偶太像人而用来陪葬。这样尚且不可，（施政之人）又怎么能让黎民百姓活活地饿死呢？"

《孟子·梁惠王上》章句之

孟子说仁

梁惠王曰："晋国，天下莫强焉，叟之所知也。及寡人之身，东败于齐，长子死焉；西丧地于秦七百里；南辱于楚。寡人耻之，愿比死者一洒（洗）之，如之何则可？"

　　孟子对曰："地方百里而可以王。王如施仁政于民，省刑罚，薄税敛，深耕易耨（nòu）；壮者以暇日修其孝悌忠信，入以事其父兄，出以事其长上。可使制梃以挞秦楚之坚甲利兵矣。彼夺其民时，使不得耕耨以养其父母。父母冻饿，兄弟妻子离散。彼陷溺其民，王往而征之，夫谁与王敌？故曰：'仁者无敌。'王请勿疑！"

【译　文】

　　惠王说："晋国，世上没有比他强大的了，这是连老人都知道的事。轮到我的时候，东边被齐国打败，连我的大儿子也死了；西边被秦国夺去了七百里土地；南边又受楚国的侮辱。我为这些事感到非常羞耻，希望替所有的死难者报仇雪恨，我要怎样做才能成功呢？"

　　孟子回答说："只要有方圆一百里的土地就可以使天下归服。大王如果对老百姓施行仁政，减免刑罚，少收赋税，让百姓有足够的时间去精耕细作，及时除草；让年轻人有时间修养他们忠义诚信的品格，在家侍奉父母兄长，出门尊敬长辈上级。这样，就是让他

孟子

们用木棒也可以抗击那些拥有坚甲利兵的秦楚军队了。秦、楚等国都在征兵备战，耽误了农时，使百姓无法耕作来赡养父母。父母受冻挨饿，兄弟、妻儿东离西散。他们使百姓陷入深渊之中，大王去征伐他们，有谁能来和您对抗呢？所以说：'施行仁政的人是无敌于天下的。'大王请不要怀疑！"

读好书系列

《孟子·梁惠王下》章句之

谈音喻政

　　庄暴见孟子，曰："暴见于王，王语暴以好乐，暴未有以对也。"曰："好乐何如？"

　　孟子曰："王之好乐甚，则齐国其庶几乎！"

孟子

他日，见于王曰："王尝语庄子以好乐，有诸？"

王变乎色，曰："寡人非能好先王之乐也，直好世俗之乐耳。"

曰："王之好乐甚，则齐其庶几乎！今之乐犹古之乐也。"

曰："可得闻与？"

曰："独乐乐，与人乐乐，孰乐？"

曰："不若与人。"

曰："与少乐乐，与众乐乐，孰乐？"

曰："不若与众。"

"臣请为王言乐。今王鼓乐于此，百姓闻王钟鼓之声、管籥（yuè）之音，举疾首蹙頞（cù è）而相告曰：'吾王之好鼓乐，夫何使我至于此极也？父子不相见，兄弟妻子离散。'今王田猎于此，百姓闻王车马之音，见羽旄（máo）之美，举疾首蹙頞而相告曰：'吾王之好田猎，夫何使我至于此极也？父子不相见，兄弟妻子离散。'此无他，不与民同乐也。今王鼓乐于此，百姓闻王钟鼓之声、管籥之音，举欣欣然有喜色而相告曰：'吾王庶几无疾病与（欤）？何以能鼓乐也？'今王田猎于此，百姓闻王车马之音，见羽旄之美，举欣欣然有喜色而相告曰：'吾王庶几无疾病与（欤）？何以能田猎也？'此无他，与民同乐也。今王与百姓同乐，则王矣。"

【译　文】

　　庄暴来见孟子，说道："我谒见过大王，他告诉我他很喜欢音乐，我没有回答他。"接着又说："喜欢音乐怎么样？"孟子说："大王如果非常喜欢音乐，那么齐国就治理得很好了！"

　　过了些日子，孟子去谒见齐王，说："大王您曾和庄子说您喜欢音乐，有这回事吗？"

　　宣王的脸色变了，回答说："我并不喜欢古代帝王留下来的典雅音乐，只是爱好流行的民间音乐罢了。"

　　孟子说："您如果非常喜欢欣赏音乐，那么齐国治理得一定很好了。现在的音乐与古代的典雅音乐都是一样的。"

　　宣王问道："您能让我知道这是什么道理吗？"

　　孟子说："单独一个人欣赏音乐的快乐，与同别人一起欣赏音乐的快乐，哪一种更快乐呢？"

　　宣王答道："不如跟别人一同欣赏音乐更快乐一些。"

　　孟子说："跟少数人一起欣赏音乐的快乐，与跟众人一起欣赏音乐的快乐，哪一种更快乐呢？"

孟

子

宣王答道："不如跟众人一起欣赏音乐更快乐。"

孟子说："请让我给您说说欣赏音乐的乐趣吧。假如您在这里奏乐，百姓听到了您的钟鼓之声、箫笛之音，全都愁眉苦脸地议论起来：'我们君王喜好音乐，可是，为什么我们的生活苦难到这种地步？父子不能相见，兄弟妻儿四处逃散！'假如您在这里打猎，百姓听了您的车马声，看到仪仗旌旗的华丽，全都高高兴兴、喜形于色地互相告诉：'我们大王大概身体健康吧，不然怎么会打猎呢？'百姓如此快乐，没有别的原因，只因为您同百姓一同快乐。如果您和同百姓同乐，那就可以统一天下，政治清明了。"

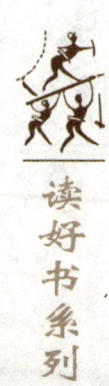

孟子释义

齐宣王问曰："文王之囿（yòu）方七十里，有诸？"

孟子对曰："于传有之。"

曰："若是其大乎？"

曰："民犹以为小也。"

曰："寡人之囿方四十里，民犹以为大，何也？"

曰："文王之囿方七十里，刍荛（chú ráo）者往焉，雉（zhì）兔者往焉，与民同之。民以为小，不亦宜乎？臣始至于境，问国之大禁，然后敢入。臣闻郊关之内有囿方四十里，杀其麋（mí）鹿者如杀人之罪。则是方四十里，为阱于国中。民以为大，不亦宜乎？"

【译 文】

齐宣王问孟子道："听说周文王养鸟兽的园林纵横七十里，有这回事吗？"

孟子回答说："史书上有这样的记载。"

宣王说："真有这么大吗？"孟子说："百姓还认为小了呢！"宣王说："我的园林纵横四十里，百姓还认为它太大了，这是什么原因呢？"

孟子说："周文王的园林纵横各七十里，割草砍柴的可以去，打野鸡、野兔的也可以去，这个园林是周文王和百姓一同享用的。百姓认为它小，不是理所当然的事情吗？我刚到齐国边境时，先问明白了齐国最

大的禁令，然后才敢进入。我听说在齐国国都的郊外，有一个纵横四十里的园林，谁杀死了里面的麋鹿，就如同犯了杀人罪。那么，这纵横四十里的地方，就像是国中设置的陷阱，百姓认为它太大，不也是理所当然的吗？"

孟子

宣王问政

齐宣王问曰："人皆谓我毁明堂，毁诸？已乎？"

孟子对曰："夫明堂者，王者之堂也。王欲行王政，则勿毁之矣。"王曰："王政可得闻与（欤）？"

对曰："昔者文王之治岐也，耕者九一，仕者世禄，关市讥而不征，泽梁无禁，罪人不孥（nú）。老而无妻曰鳏（guān），老而无夫曰寡，老而无子曰独，幼而无父曰孤。此四者，天下之穷民而无告者。文王发政施仁，必先斯四者。《诗》云：'哿（gě）矣富人，哀此茕独。'"王曰："善哉言乎！"

曰："王如善之，则何为不行？"王曰："寡人有疾，寡人好货。"

对曰："昔者公刘好货，《诗》云：'乃积乃仓，乃裹糇（hóu）粮；于橐（tuó）于囊，思戢（jí）（辑）用光。弓矢斯张，干戈戚扬，爰（yuán）方启行。'故居者有积

读好书系列

仓，行者有裹囊也，然后可以爰方启行。王如好货，与百姓同之，于王何有？"王曰："寡人有疾，寡人好色。"

对曰："昔者大（太）王好色，爱厥妃。《诗》云：'古公亶（dǎn）父，来朝走马，率西水浒，至于岐下。爰及姜女，聿（yù）来胥宇。'当是时也，内无怨女，外无旷夫。王如好色，与百姓同之，于王何有？"

孟

子

【译文】

齐宣王问道:"他人都建议我拆毁明堂,究竟是拆毁好呢?还是不拆毁好呢?

孟子回答说:"明堂是施行王政的殿堂。大王如果想施行王政,就请不要拆毁它吧。"宣王说:"可以把王政说给我听听吗?"

孟子回答说:"从前周文王治理岐山的时候,种田的人把九分之一的粮食交给国家;做官的人给予世代承袭的俸禄;关卡和市场只追查违法的事情而不收税;任何人到湖泊捕鱼都不禁止;对罪犯的处罚不牵连妻子儿女。失去妻子的老年人叫作鳏夫;失去丈夫的老年人叫作寡妇;没有儿女的老年人叫作独老;失去父亲的儿童叫作孤儿。这四种人是天下穷苦无靠的人。文王实行仁政,一定最先照顾这些人。《诗经》说:'有钱人是可以过得去了,可怜的是这些无依无靠的人。'"宣王说:"说得好呀!"

孟子说:"大王如果认为说得好,为什么不这样做呢?"宣王说:"我有个毛病,我喜爱钱财。"

孟子说:"从前公刘也喜爱钱财。《诗经》说:

'收割粮食装满仓，备好充足的干粮，装进小袋和大囊。百姓和睦争荣光，张弓带箭齐武装，戈矛斧钺（yuè）拿手上，开始动身向前方。'因此留在家里的人有谷，行军的人有干粮，这才能够率领军队前进。大王如果喜爱钱财，能想到老百姓也喜爱钱财，这对施行王政有什么影响呢？"宣王说："我还有个毛病，我喜爱女色。"

孟子回答说："从前周太王也喜爱女色，非常爱他的妃子。《诗经》说：'周太王古公亶父，一大早驱驰快马，沿着西边的河岸，一直走到岐山下。带着妻子姜氏女，勘察地址建新居。'那时，没有找不到丈夫的女子，也没有找不到妻子的男子。大王如果喜爱女色，能让百姓都有家室，这对于施行王政有什么影响呢？"

孟子

《孟子·梁惠王下》章句之

尽责无愧

孟子谓齐宣王曰："王之臣有托其妻子于其友，而之楚游者。比其反（返）也，则冻馁（něi）其妻子，则如之何？"王曰："弃之。"

曰："士师不能治士，则如之何？"王曰："已之。"

曰："四境之内不治，则如之何？"王顾左右而言他。

读好书系列

【译 文】

　　孟子对齐宣王说："如果大王您的一个臣子把妻子儿女托付给他的朋友照顾，自己出游楚国去了。等他回来的时候，他的妻子儿女却在挨饿受冻。对待这样的朋友，应该怎么办呢？"齐宣王说："和他绝交！"

　　孟子说："如果您的司法官不能管理他的下属，那应该怎么办呢？"齐宣王说："撤他的职！"

　　孟子又说："如果一个国家的治理得很糟糕，那又该怎么办呢？"齐宣王左右张望，把话题扯到别的问题上去了。

孟

子

《孟子·梁惠王下》章句之

耳听为虚

　　孟子见齐宣王曰："所谓故国者，非谓有乔木之谓也，有世臣之谓也。王无亲臣矣，昔者所进，今日不知其

读好书系列

亡也。"

王曰："吾何以识其不才而舍之？"

曰："国君进贤，如不得已，将使卑逾尊，疏逾戚，可不慎与（欤）？左右皆曰贤，未可也；诸大夫皆曰贤，未可也；国人皆曰贤，然后察之；见贤焉，然后用之。左右皆曰不可，勿听；诸大夫皆曰不可，勿听；国人皆曰不可，然后察之；见不可焉，然后去之。左右皆曰可杀，勿听；诸大夫皆曰可杀，勿听；国人皆曰可杀，然后察之；见可杀焉，然后杀之。故曰，国人杀之也。如此，然后可

以为民父母。"

　　孟子拜见齐宣王，说："我们平时所说历史悠久的国家，并不是指那个国家有年代久远的树木，而是指有世代建立功勋的大臣。可大王您现在却没有亲信的大臣了，过去所任用的一些人，现在也不知道去了哪里。"

　　齐宣王说："我应该怎样去识别那些真正缺乏才能的人而不用他们呢？"

　　孟子回答说："国君选择贤才，在不得已的时候，甚至会把原本地位低的人提拔到地位高的人之上，把原本关系疏远的人提拔到关系亲近的人之上，这样的事情能不谨慎吗？因此，左右亲信都说某人好，不可轻信；众位大夫都说某人好，还是不可轻信；全国的人都说某人好，然后去考察他，发现他是真正的贤才，再任用他。左右亲信都说这个人不行，不要轻信；诸位大夫都说不行，也不要听；全国的人都说这个人不行，然后去考察他，如果真的不行，才可以罢免。左右亲信的人说这个人该杀，不能轻信；诸位大夫都说这个人该杀，也不能轻信；全国人都说这个人该杀，这才去考察他，如果那个人真的该杀，才可以杀掉。所以说，这个人是为全国人所杀。只有这样，才可以称为百姓的父母。"

孟

子

《孟子·梁惠王下》章句之

事不关己

邹与鲁哄。穆公问曰："吾有司死者三十三人，而民莫之死也。诛之，则不可胜诛；不诛，则疾视其长上之死而不救。如之何则可也?"

孟子对曰："凶年饥岁，君之民老弱转乎沟壑，壮者散而之四方者，几千人矣；而君之仓廪实，府库充，有司莫以告，是上慢而残下也。曾子曰：'戒之戒之！出乎尔者，反乎尔者也。'夫民今而后得反之也。君无尤焉！君行仁政，斯民亲其上，死其长矣。"

【译 文】

邹国与鲁国交战。邹穆公对孟子说："我的官吏死了三十三个，百姓却没有一个为他们牺牲的。杀了那些百姓吧，杀不了那么多；不杀他们吧，又实在恨他们眼睁睁地看着长官被杀而不去营救。到底怎么办才好呢？"

孟子回答说："灾荒年月，您的百姓，年老体弱的弃尸于山沟，年轻力壮的四处逃荒，差不多有上千人吧；而您的粮仓里堆满粮食，货库里装满财宝，官吏们却从来不向您报告老百姓的情况，这是他们不关心百姓，并且还残害百姓的表现。曾子说：'小心啊，小心啊！你怎样对待别人，别人也会怎样对待你。'现在就是百姓报复他们的时候了。您就不要归罪于百姓吧！只要您施行仁政，百姓自然就会亲近他们的领导者，肯为他们的长官而牺牲了。"

《孟子·公孙丑上》章句之

浩然之气

公孙丑曰："敢问夫子恶乎长？"

孟子曰："我知言，我善养吾浩然之气。"

"敢问何谓浩然之气？"

曰："难言也。其为气也，至大至刚，以直养而无害，

孟

子

则塞于天地之间。其为气也，配义与道；无是，馁也。是集义所生者，非义袭而取之也。行有不慊（qiàn）于心，则馁矣。我故曰，告子未尝知义，以其外之也。必有事焉而勿正，心勿忘，勿助长也。无若宋人然：宋人有闵其苗之不长而揠（yà）之者，芒芒然归，谓其人曰：'今日病矣！予助苗长矣！'其子趋而往视之，苗则槁（gǎo）矣。天下之不助苗长者寡矣。以为无益而舍之者，不耘苗者也；助之长者，揠苗者也。非徒无益，而又害之。"

"何谓知言？"

曰："诐（bì）辞知其所蔽，淫辞知其所陷，邪辞知其所离，遁辞知其所穷。生于其心，害于其政；发于其政，害于其事。圣人复起，必从吾言矣。"

【译　文】

公孙丑说："请问老师您擅长哪一方面呢？"

孟子说："我善于分析别人的言语，我善于培养自己的浩然之气。"

公孙丑说："请问老师什么叫浩然之气呢？"

"这很难说清楚，它作为一种气，极端浩大，极端有力量，用正直去培养它而不加以伤害，那么它就会充满天地之间。这种气必须与仁义道德相配，否则，就会缺乏力量。它必须要有经常性的仁义道德蓄养才能生成，而不是靠偶尔的正义行为就能获取的。一旦你的行为问心有愧，这种气就会缺乏力量。所以我说，告子不一定懂得义，因为他把义看成心外的东西。我们一定要不断地培养义，心中不要忘记，但也不要去帮助它生长。不要像宋人一样：宋国有个人嫌他种的禾苗老是长不高，于是到地里去用手把它们拔高，累得气喘吁吁地回家，对他家里人说：'今天我太担心了！所以我让禾苗一下子就长高了！'他的儿子跑到地里去一看，禾苗已全部枯萎了。天下人不犯这种拔苗助长错误的很少。认为养护庄稼没有用处而不去管它

孟子

们的，是只种庄稼不除草的懒汉；一厢情愿地去帮助庄稼生长的，就是这种拔苗助长的人。这样不但徒劳无益，反而害死了庄稼。"

公孙丑问："怎样才算善于分析别人的言语呢？"

孟子回答说："知道偏颇的言语片面在哪里；知道夸张的言语过分在哪里；知道怪僻的言语离奇在哪里；知道躲闪的言语理穷在哪里。这些言语从心里产生，必然会对政治造成危害；用于政治，必然会对国家大事造成危害。如果圣人再世，也一定会同意我的话。"

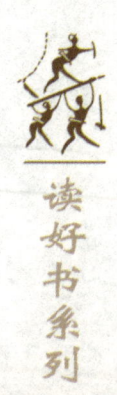

《孟子·公孙丑上》章句之

以德服人

　　孟子曰："以力假仁者霸，霸必有大国。以德行仁者王，王不待大。汤以七十里，文王以百里。以力服人者，非心服也，力不赡也；以德服人者，中心悦而诚服也，如

孟

子

七十子之服孔子也。《诗》云：'自西自东，自南自北，无思不服。'此之谓也。"

【译 文】

孟子说："用武力而假借仁义的人可以称霸，称霸必须依靠国家的实力雄厚。用道德而实行仁义的人可以使天下归服，使天下归服的人不一定实力雄厚。商汤王凭借方圆七十里国土，周文王凭借方圆一百里国土。用武力征服别人的，别人并不是真心服从他，只不过是力量不够罢了；用道德使人归服的，人们心悦诚服，就像七十个弟子信服孔子那样。《诗经》说：'从西从东，从南从北，无不心悦诚服。'正是说的这种情况。"

读好书系列

《孟子·公孙丑上》章句之

自求多福

孟子曰："仁则荣，不仁则辱。今恶辱而居不仁，是犹恶湿而居下也。如恶之，莫如贵德而尊士，贤者在位，

孟子

能者在职，国家闲暇，及是时明其政刑。虽大国，必畏之矣。《诗》云：'迨（dài）天之未阴雨，彻彼桑土（杜），绸缪牖（chóu móu yǒu）户。今此下民，或敢侮予？'孔子曰：'为此诗者，其知道乎！能治其国家，谁敢侮之！'今国家闲暇，及是时般乐怠敖，是自求祸也。祸福无不自己求之者。《诗》云：'永言配命，自求多福。'《太甲》曰：'天作孽，犹可违；自作孽，不可活。'此之谓也。"

【译　文】

孟子说："仁就获得尊荣，不仁就招来耻辱。现在的人既厌恶耻辱却又居于不仁的境地，这就好像既厌恶潮湿却又居于低洼的地方一样。假如真的厌恶耻辱，那最好是以仁德为贵，尊敬读书人，让有贤德的人治理国家，有才能的人担任一定的职务。并且趁国家无内忧外患的时候，修订政治法律制度。这样做了，即使是大国也会畏惧你。《诗经》说：'趁着天晴没阴雨，剥些桑树根上的皮，补好窗子和门户。那些住在下面的人，有谁还敢欺侮我？'孔子说：'写这首诗的

人很懂得道理呀！能够治理好自己的国家，谁还敢欺侮他呢?'如今国家没有内忧外患，却趁着这个时候享乐怠懈，这是自己寻求祸害。祸害和幸福没有不是自己找来的。《诗经》说：'长久地与天命相配合，自己寻求更多的幸福。'《尚书·太甲》说：'上天降下的灾害还可以逃避；自己造成的罪孽可就无处可逃了。'说的就是这个意思。"

《孟子·公孙丑上》章句之

孟子言商

　　孟子曰："尊贤使能，俊杰在位，则天下之士皆悦，而愿立于其朝矣；市廛（chán）而不征，法而不廛，则天下之商皆悦而愿藏于其市矣；关讥而不征，则天下之旅皆悦而愿出于其路矣；耕者助而不税，则天下之农皆悦，而

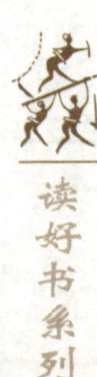

愿耕于其野矣；廛无夫里之布，则天下之民皆悦，而愿为
之氓矣。信能行此五者，则邻国之民仰之若父母矣。率其
子弟，攻其父母，自生民以来，未有能济者也。如此，则
无敌于天下。无敌于天下者，天吏也。然而不王者，未之
有也。"

【译　文】

孟子说："尊重贤才，任用有能力的人，让才能出
众的人治理国家，那么天下的士人都会喜悦而愿意在
这样的朝廷担任一官半职了；在市场上提供储货的地
方而不征税，把滞销的货物依法收购而不使其积压，
那么天下的商人都乐于在这样的市场上做生意了；关
卡只稽查而不征税，那么天下的旅客都乐于在这样的
路上旅行了；种庄稼只按井田制助耕公田而不再征税，
那么天下的农民都乐于在这样的土地上耕种了；居民
区没有额外的土地税和劳役税，那么天下的百姓都乐
于成为这里的居民了。真正能够做到这五点，就连邻
国的百姓都会把他当父母一样仰慕。如果有谁想率领

孟子

这些百姓来攻打他，就好比率领子女去攻打他们的父母，这种事自有人类以来还没有成功过。这样，他们就会无敌于天下了。无敌于天下的人，就如同上天派的管理者。做到了这个程度还不能使天下归服，那是从来没有过的。"

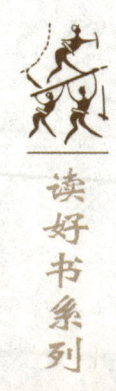

《孟子·公孙丑上》章句之

礼义廉耻

孟子曰："人皆有不忍人之心。先王有不忍人之心，

孟子

斯有不忍人之政矣。以不忍人之心，行不忍人之政，治天下可运之掌上。所以谓人皆有不忍人之心者，今人乍见孺子将入于井，皆有怵惕恻隐之心，非所以内交于孺子之父

母也，非所以要誉于乡党朋友也，非恶其声而然也。由是观之，无恻隐之心，非人也；无羞恶之心，非人也；无辞让之心，非人也；无是非之心，非人也。恻隐之心，仁之端也；羞恶之心，义之端也；辞让之心，礼之端也；是非之心，智之端也。人之有是四端也，犹其有四体也。有是

四端而自谓不能者，自贼者也；谓其君不能者，贼其君者也。凡有四端于我者，知皆扩而充之矣，若火之始然，泉之始达。苟能充之，足以保四海；苟不充之，不足以事父母。"

【译 文】

孟子说："每个人都有怜悯体恤别人的心。由于先王有怜悯体恤别人的心，所以才有怜悯体恤百姓的政治。用怜悯体恤别人的心情，施行怜悯体恤百姓的政治，治理天下就可以像在手掌心里面运转东西一样容易。之所以说每个人都有怜悯体恤别人的心，是因为如果今天有人突然看见一个小孩要掉进井里了，必然会产生惊惧同情的心理。这不是因为想要去和这孩子的父母拉关系，不是因为想要在乡邻朋友中博取声誉，也不是因为厌恶这孩子的哭叫声才产生这种惊惧怜悯心理的。由此看来，没有同情心，简直不是人；没有羞耻心，简直不是人；没有谦让心，简直不是人；没有是非心，简直不是人。同情心是仁的发端；羞耻心是义的发端；谦让心是礼的发端；是非心是智的发端。

人有这四种发端，就像有四肢一样。有了这四种发端却自认为不行的，是损害自己的人；认为他的君王不行的，是损害君王的人。凡是有这四种发端的人，都知道要扩大充实它们，就像火刚刚开始燃烧，泉水刚刚开始流淌；如果能够扩充它们，便足以安定天下，如果不能够扩充它们，就连赡养父母都成问题。"

与人为善

　　孟子曰："子路，人告之以有过则喜。禹闻善言则拜。大舜有（又）大焉，善与人同，舍己从人，乐取于人以为善。自耕稼、陶、渔以至为帝，无非取于人者。取诸人以为善，是与人为善者也。故君子莫大乎与人为善。"

孟子

【译　文】

　　孟子说："子路，别人指出他的过错，他就很高兴。大禹听到有教益的话，就向人家拜谢。伟大的舜帝更是与别人共同做善事，舍弃自己的缺点，非常快乐地吸取别人的长处来行善。他从种地、做陶器、捕鱼一直到做帝王，没有哪个优点不是他向别人学习得来的。吸取别人的优点来行善，也就是与别人一起来行善。所以君子最重要的就是要与别人一起行善。"

《孟子·公孙丑下》章句之

天时地利

孟子曰："天时不如地利，地利不如人和。三里之城，七里之郭，环而攻之而不胜。夫环而攻之，必有得天时者矣；然而不胜者，是天时不如地利也。城非不高也，池非

孟子

不深也，兵革非不坚利也，米粟非不多也；委而去之，是地利不如人和也。故曰：域民不以封疆之界，固国不以山溪之险，威天下不以兵革之利。得道者多助，失道者寡助。寡助之至，亲戚畔（叛）之；多助之至，天下顺之。以天下之所顺，攻亲戚之所畔（叛）；故君子有不战，战必胜矣。"

【译 文】

孟子说："有利的时机不如有利的地理条件，有利的地理条件不如人们团结一心。假如有一座方圆三里的城池，城郭方圆七里，四面围攻都不能取得胜利。包围起来攻打它，必然要有利于作战的时机，然而不能取得胜利的原因，就是有利的时机比不上守城人的地理条件。假如有座城池，城墙不是不高，护城河水不是不深，武器装备不是不锐利，粮食不是不充足；然而军民们还是弃城而逃了，这表明地理条件比不过人心团结齐备。所以说：所管辖的人民不是依照边界来制约的，坚固的国防不是依靠山河险阻来巩固的，威震天下也不是靠精良的武器做到的，合乎正义的会得到很多人的帮助，违反正义的只能得到极少数人的帮助。援助的人少到极点，连亲属朋友都会背离他；援助的人多到极点，天下的人都会归顺他。以天下归顺的力量去攻击亲属朋友都背离他的人，必然取胜。所以有道德的国君有不愿作战的观念，但如果打起仗来必然能取得胜利。

孟

子

《孟子·公孙丑下》章句之

取之有道

陈臻问曰："前日于齐，王馈兼金一百而不受；于宋，馈七十镒（yì）而受；于薛，馈五十镒而受。前日之不受是，则今日之受非也；今日之受是，则前日之不受非也。夫子必居一于此矣。"

孟子曰："皆是也。当在宋也，予将有远行，行者必

以赆（jìn）。辞曰：'馈赆。'予何为不受？当在薛也，予
有戒心；辞曰：'闻戒，故为兵馈之。'予何为不受？若于
齐，则未有处也。无处而馈之，是货之也。焉有君子而可
以货取乎？"

【译 文】

陈臻问道："以前在齐国的时候，齐王送给您上等
金一百镒，您不接受；到宋国的时候，宋王送给您七
十镒，您却接受了；在薛地，薛君送给您五十镒，您
也接受了。如果以前的不接受是正确的，那后来的接

孟

子

受便是错误的；如果后来的接受是正确的，那以前的不接受便是错误的。老师您总有一次做错了吧。"

孟子说："都是正确的。当在宋国的时候，我准备远行，对远行的人理应送些盘缠。所以宋王说：'送上一些盘缠。'我怎么不接受呢？当在薛地的时候，我听说路上有危险，需要戒备。薛君说：'听说您需要戒备，所以送上一点买兵器的钱。'我怎么能不接受呢？至于在齐国，则没有说明任何用处。没有说明用处却要送给我一些钱，这等于是用钱来收买我。哪里有君子可以被人用钱收买的呢？"

《孟子·公孙丑下》章句之

舍我其谁

　　孟子去齐，充虞路问曰："夫子若有不豫色然。前日虞闻诸夫子曰：'君子不怨天，不尤人。'"

孟子

曰："彼一时，此一时也。五百年必有王者兴，其间必有名世者。由周而来，七百有余岁矣。以其数则过矣，以其时考之 则可矣。夫天，未欲平治天下也；如欲平治天下，当今之世，舍我其谁也？吾何为不豫哉？"

【译 文】

孟子离开齐国，充虞在路上问道："老师似乎有点不快乐的样子。可是以前我曾听老师您讲过：'君子不抱怨上天，不责怪别人。'"

孟子说："那时是那时，现在是现在。从历史上来看，每五百年就会有一位圣贤君主兴起，其中必定还有以才德闻名于世的人出现。从周武王以来，到现在已经七百多年了。从年数来看，已经超过了五百年；从时势来考察，也应该是时候了。大概老天不想使天下太平了吧，如果想使天下太平，在当今这个世界上，除了我还有谁呢？我为什么不快乐呢？"

《孟子·滕文公上》章句之

人性本善

滕文公为世子，将之楚，过宋而见孟子。孟子道性善，言必称尧舜。

世子自楚反（返），复见孟子。孟子曰："世子疑吾言乎？夫道一而已矣。成覸谓齐景公曰：'彼丈夫也，我丈夫也，吾何畏彼哉？'颜渊曰：'舜，何人也？予，何人也？有为者亦若是。'公明仪曰：'文王我师也，周公岂欺

我哉？' 今滕，绝长补短，将五十里也，犹可以为善国。
《书》曰：'若药不瞑眩，厥疾不瘳（chōu）。'"

读好书系列

【译 文】

　　滕文公还是太子的时候，要到楚国去，经过宋国时拜访了孟子。孟子给他讲善良是人的本性的道理，话题不离尧舜。

太子从楚国回来，又来拜访孟子。孟子说："太子不相信我的话吗？道理都是一致的啊。成覵对齐景公说：'他是男子汉，我也是男子汉，我为什么怕他呢？'颜渊说：'舜是什么人，我是什么人，有作为的人也会——样。'公明仪说：'文王是我的老师，周公难道会欺骗我吗？'现在的滕国，假如把疆土截长补短也有将近方圆五十里吧，还可以治理成一个好国家。《尚书》说：'如果药服用之后不能使人头昏眼花，那病是不会痊愈的。'"

孟子

《孟子·滕文公下》章句之

能屈能伸

陈代曰："不见诸侯，宜若小然；今一见之，大则以王，小则以霸。且《志》曰：'枉尺而直寻，'宜若可为也。"

孟子曰："昔齐景公田，招虞人以旌，不至，将杀之。志士不忘在沟壑，勇士不忘丧其元。孔子奚取焉？取非其招不往也。如不待其招而往，何哉？且夫枉尺而直寻者，

以利言也。如以利，则枉寻直尺而利，亦可为与（欤）？昔者赵简子使王良与嬖（bì）奚乘，终日而不获一禽。嬖奚反命曰：'天下之贱工也。'或以告王良。良曰：'请复之。'强而后可，一朝而获十禽。嬖奚反命曰：'天下之良工也。'简子曰：'我使掌与女（汝）乘。'谓王良。良不可，曰：'吾为之范我驰驱，终日不获一；为之诡遇，一朝而获十。《诗》云："不失其驰，舍矢如破。"我不贯（惯）与小人乘，请辞。'御者且羞与射者比，比而得禽兽，虽若丘陵，弗为也。如枉道而从彼，何也？且子过矣，枉己者，未有能直人者也。"

【译　文】

陈代说："您不去拜见诸侯，似乎只是拘泥于小节吧。如今去见一下诸侯，大则可以实施仁政，使天下归服；小则可以称霸诸侯。况且《志》上说：'弯曲着一尺长，伸展开来八尺长。'似乎是可以这样做的。"

孟子说："从前齐景公打猎，用旌旗召唤猎场的管理者，那个管理者没有去。齐景公想杀了。所以，有志之士不怕身处山沟，勇敢的人不怕丢掉脑袋。孔子

认为那个猎场管理者哪一点可取呢？就是取他因召唤
方式不当就不去的精神。如果我不等到诸侯的召唤就
自己上门去，是为了什么呢？况且，所谓弯曲着一尺
长，伸展开来八尺长的说法，是从利益的角度来考虑
问题的。如果从利益的角度来考虑问题，就是弯曲着
八尺长，伸展开一尺长，那也是有利益的啊，难道也
可以这样做吗？从前赵简子命令王良为他所宠爱的名
叫奚的小臣驾车去打猎，整整一天没有打到一只猎物。
奚回去后向赵简子报告说：'王良真是天下最不会驾车

的人了！'有人把这话告诉了王良。王良便对奚说：
'请让我再为您驾一次车。'奚勉强同意了，结果一个

清晨就打了十只猎物。奚回去后又向赵简子报告说：'王良真是天下最会驾车的人啊！'赵简子说：'我让他专门为你驾车吧。'便跟王良说，王良却不干了。他说：'我按规范为他驾车，他一整天都打不到一只猎物；我不按规范为他驾车，他却一个清晨就打了十只猎物。《诗经》说："按照规范去驾车，箭一放出就会中的。"我不习惯为他这样的小人驾车，请您让我辞去这个差事。'驾车的人尚且羞于与不好的射手合作，即便合作得可以打到堆集如山的猎物也不干。如果我现在改变自己的原则去追随那些诸侯，那又是为了什么呢？况且，你的看法是错误的，扭曲自己，是不可能让别人正直的。"

《孟子·滕文公下》章句之

成人之道

景春曰："公孙衍、张仪，岂不诚大丈夫哉？一怒而诸侯惧，安居而天下熄。"

孟子曰："是焉得为大丈夫乎？子未学礼乎？丈夫之冠也，父命之；女子之嫁也，母命之，往送之门，戒之

曰：'往之女（汝）家，必敬必戒，无违夫子！'以顺为正者，妾妇之道也。居天下之广居，立天下之正位，行天下之大道。得志，与民由之；不得志，独行其道。富贵不能淫，贫贱不能移，威武不能屈，此之谓大丈夫。"

【译　文】

景春说："公孙衍和张仪难道不是真正的大丈夫吗？他们发起怒来，诸侯都会害怕；他们安静下来，天下的争斗就会停止。"

孟子

　　孟子说："这怎么能够叫大丈夫呢？你没有学过礼吗？男子行冠礼的时候，父亲给予训导；女子出嫁的时候，母亲给予训导，送她到门口，告诫她说：'到了你丈夫家里，一定要恭敬，一定要谨慎，不要违背你的丈夫！'以顺从为原则的，是妾妇之道。至于大丈夫，则应该住在天下最宽广的住宅里，站在天下最正确的位置上，走着天下最光明的大道。得志的时候，便与老百姓一同实现；不得志的时候，便独自坚持自己的原则。富贵不能使我骄奢淫逸，贫贱不能使我改移节操，威武不能使我屈服意志。这样才叫做大丈夫！"

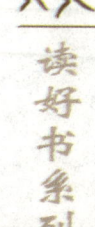

《孟子·滕文公下》章句之

有疾速治

戴盈之曰："什一，去关市之征，今兹未能，请轻之，以待来年，然后已，何如？"

孟子曰："今有人日攘其邻之鸡者，或告之曰：'是非君子之道！'曰：'请损之，月攘一鸡，以待来年，然后已。'如知其非义，斯速已矣，何待来年？"

孟

子

【译 文】

戴盈之说:"田租十分抽一,免除关卡和市场的征税,现在还办不到,请让我们先减轻一些,等到明年再彻底实行,怎么样?"

孟子说:"现在有一个人每天都偷邻居家的鸡,有

人告诫他说：'这不是正派人的行为！'他便说：'请让我先少偷一些，每月偷一只，等到明年再彻底洗手不干。'如果知道这种行为不合于道义，就应该赶快停止，为什么要等到明年呢？"

《孟子·离娄上》章句之

不仁害大

孟子曰："三代之得天下也以仁，其失天下也以不仁。国之所以废兴存亡者亦然。天子不仁，不保四海；诸侯不仁，不保社稷；卿大夫不仁，不保宗庙；士庶人不仁，不保四体。今恶死亡而乐不仁，是犹恶醉而强酒。"

【译　文】

　　孟子说：“夏、商、周三代能够得到天下是由于仁，他们失去天下是由于不仁。诸侯国家的兴衰存亡也是同样的道理。天子不仁，就不能够保住天下；诸侯不仁，就不能够保住国家；公卿大夫不仁，就不能

孟　子

够保住王室；读书人和平民百姓不仁，不能够保全自身。现在的人既害怕死亡却又乐于做不仁义的事，这就好像既讨厌醉却又偏偏要拼命喝酒一样。"

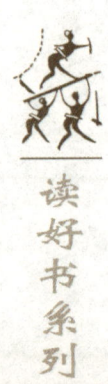

躬身自省

　　孟子曰："爱人不亲反其仁；治人不治反其智；礼人不答 反其敬。行有不得者，皆反求诸己，其身正而天下归之。《诗》云：'永言配命，自求多福。'"

孟子

【译 文】

　　孟子说："爱别人却得不到别人的亲近，那就应反问自己的仁爱是否足够；管理别人却不能够管理好，那就应反问自己的管理才智是否有问题；礼貌待人却得不到别人的回应，那就应反问自己的礼仪是否合乎礼数。凡是行为得不到预期的效果，都应该反过来检查自己。自身行为端正了，天下的人自然就会归服。《诗经》说：'常思虑自己的行为是否合乎天理，以求美好的幸福生活。'"

《孟子·离娄上》章句之

仁者见仁

　　孟子曰："自暴者，不可与有言也；自弃者，不可与有为也。言非礼义，谓之自暴也；吾身不能居仁由义，谓之自弃也。仁，人之安宅也；义，人之正路也。旷安宅而

孟子

弗居，舍正路而不由，哀哉！”

【译 文】

读好书系列

　　孟子说："自己糟蹋自己的人，和他没有什么好说的；自己放弃自己的人，不能和他有所作为。说出的话毫无礼义，叫作自己坑害自己；自认为不能居仁心、行正义，叫作自己放弃自己。仁，是人类最安适的精神住宅；义，是人类最正确的光明大道。把最安适的住宅空着不住，把最正确的大道舍弃在一边不走，这可真是悲哀啊！"

真诚至善

　　孟子曰："居下位而不获于上，民不可得而治也。获于上有道：不信于友，弗获于上矣。信于友有道：事亲弗悦，弗信于友矣。悦亲有道：反身不诚，不悦于亲矣。诚身有道：不明乎善，不诚其亲身矣。是故诚者，天之道也；思诚者，人之道也。至诚而不动者，未之有也；不诚，

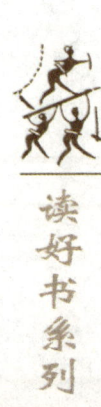

未有能动者也。”

【译　文】

孟子说：“身居下位的人，如果得不到在上位的人信任，就不可能治理好平民百姓。要得到在上位的人信任是有办法的：得不到朋友的信任，就得不到在上位的人信任。得到朋友的信任也是有办法的：侍奉父母，不能够使父母高兴，就不能够得到朋友的信任。使父母高兴是有办法的：自己不真诚就不能够使父母高兴。使自己真诚是有办法的：不明白什么是善就不能够使自己真诚。所以，真诚是上天的原则，追求真诚是做人的原则。极端真诚而不能够使人感动的，是没有过的事；不真诚是不能够感动人的。”

《孟子·离娄上》章句之

说理论道

淳于髡（kūn）曰："男女授受不亲，礼与（欤）？"

孟子曰："礼也。"

曰："嫂溺，则援之以手乎？"

曰："嫂溺不援，是豺狼也。男女授受不亲，礼也；嫂溺，援之以手者，权也。"

曰："今天下溺矣，夫子之不援，何也？"曰："天下溺，援之以道；嫂溺，援之以手。子欲手援天下乎？"

【译 文】

淳于髡问："男女之间不亲手递接东西，这是礼的规定吗？"

孟子说："是的。"

淳于髡又问："假如嫂嫂掉入水中，要用手去拉她吗？"

孟子说："嫂嫂掉入水中而不去拉，这简直是豺狼！男女之间递接东西时手不相接触，这是礼的规定；嫂嫂掉入水中，伸手去拉她，这是权宜之计。"

淳于髡说："现在天下百姓都掉入水中了，先生不去救援，这又是为什么呢？"

孟子说："天下百姓都掉入水中了，要用'道'去救援；嫂嫂掉入水中，伸手去拉就可以了。您难道要我用手去救援天下百姓吗？"

何以教子

公孙丑曰："君子之不教子，何也？"

孟子曰："势不行也。教者必以正。以正不行，继之以怒；继之以怒，则反夷矣。'夫子教我以正，夫子未出于正也。'则是父子相夷也。父子相夷，则恶矣。古者易

子而教之，父子之间不责善。责善则离，离则不祥莫
大焉。"

【译 文】

公孙丑说："君子不亲自教导孩子，这是为什
么呢？"

孟子说："这在情势上无法让人做到。教导的人必
然要以正道来教导人，以正道教导人得不到效果，紧
接着就会发脾气。发脾气就伤了父子之间的感情。孩
子就说'你以正道来教导我，你却不按正道行事'，这
就伤害了父子间的感情，父子间的感情受到伤害，关
系就不好了。古代的人双方交换孩子来教导，如此，
父子间就不会责备对方不好。责备对方不好就会出现
隔阂，有了隔阂就是很不祥和的事情了。"

怠政亲民

子产听郑国之政，以其乘舆（yú）济人于溱（zhēn）洧（wěi）。

孟子曰："惠而不知为政。岁十一月徒杠成，十二月舆梁成，民未病涉也。君子平其政，行辟（避）人可也，焉得人人而济之？故为政者，每人而悦之，日亦不足矣。"

【译　文】

　　子产主持郑国的政事，用自己乘坐的车去帮助人们渡过溱水和洧水。孟子说："这只是小恩小惠，而他并不懂得从政。如果他在十一月修成走人的桥，十二月修成过车马的桥，老百姓就不会为渡河而发愁了。在上位的人只要把政事治理好，就是出门时让行人避让都可以，怎么能够去帮助百姓一个一个渡河呢？所以执政的人要去讨每个人的欢心，那时间可就太不够用了。"

孟

子

《孟子·离娄下》章句之

上行下效

孟子告齐宣王曰："君之视臣如手足，则臣视君如腹心；君之视臣如犬马，则臣视君如国人；君之视臣如土芥，则臣视君如寇仇。"

王曰："礼，为旧君有服，何如斯可为服矣？"

曰："谏行言听，膏泽下于民；有故而去，则君使人

导之出疆，又先于其所往；去三年不反（返），然后收其田里，此之谓三有礼焉。如此，则为之服矣。今也为臣，谏则不行，言则不听，膏泽不下于民；有故而去，则君搏执之，又极之于其所往；去之日，遂收其田里。此之谓寇仇。寇仇何服之有？"

孟子告诉齐宣王说："君王把臣下当手足，臣下就会把君王当心腹；君王把臣下当犬马，臣下就会把君王当普通人；君王把臣下当泥土草芥，臣下就会把君王当仇敌。"

齐宣王说："礼制规定，已经离职的臣下也应为过去的君王服丧。君王要怎样做才能使臣人为他服丧呢？"

孟子说："臣下有劝谏，君王接受；臣下有建议，君王听从；政治上的恩惠下达到老百姓。臣下有什么原因不得不离去，君王派人送他出国境，并派人先到臣下要去的地方做一番安排布置；臣下离开了三年还不回来，才收回他的土地和房屋。这就叫作三有礼。

孟

子

这样做了，臣下就会为他服丧。如今，臣下的劝谏不被君王接受，建议不被听从，恩惠没有施放到人民那里；臣下有原因离开，国君就把他的新兵拘捕起来，还想方设法在他要去的地方设置各种障碍；臣下离开的当天就收回他的土地和房屋。这种情况就叫作仇敌。仇敌怎么会为他服丧呢?"

《孟子·离娄下》章句之

折矢纵师

逢蒙学射于羿，尽羿之道，思天下惟羿为愈己，于是杀羿。

孟子曰："是亦羿有罪焉。"

孟子

公明仪曰："宜若无罪焉。"

曰："薄乎云尔，恶得无罪？郑人使子濯（zhuó）孺子侵卫，卫使庾公之斯追之。子濯孺子曰：'今日我疾作，不可以执弓，吾死矣夫！'问其仆曰：'追我者谁也？'其仆曰：'庾公之斯也。'曰：'吾生矣。'其仆曰：'庾公之斯，卫之善射者也。'夫子曰：'吾生，何谓也？'曰：'庾公之斯学射于尹公之他，尹公之他学射于我。夫尹公之他，端人也，其取友必端矣。'庾公之斯至，曰：'夫子何为不执弓？'曰：'今日我疾作，不可以执弓。'曰：'小人学射于尹公之他，尹公之他学射于夫子。我不忍以夫子之道反害夫子。虽然，今日之事，君事也，我不敢废。'抽

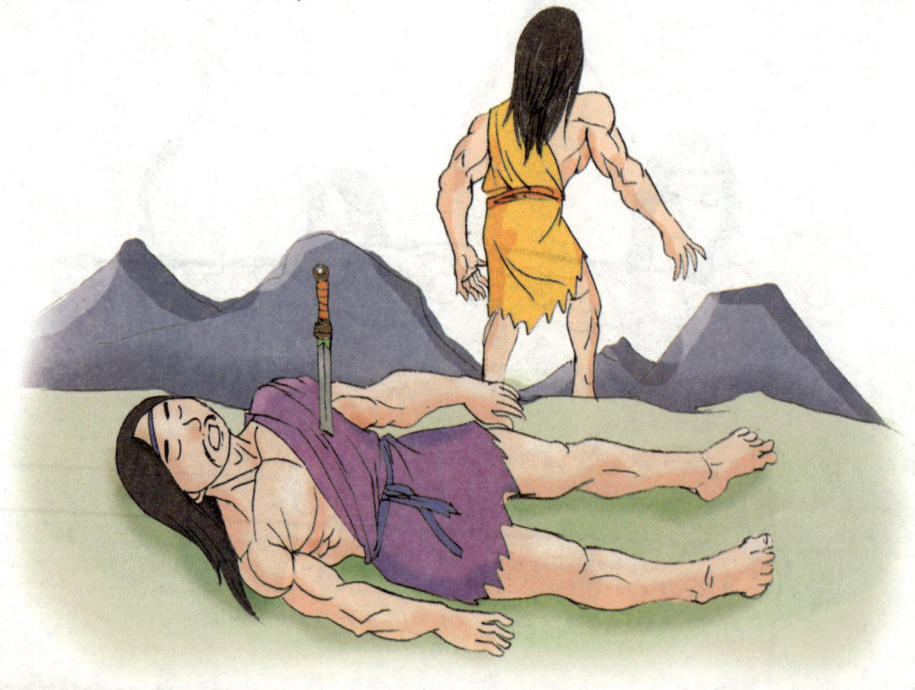

矢扣轮，去其金，发乘矢而后反。"

【译　文】

逢蒙跟羿学射箭，学得了羿的所有技巧后，他便想，天下只有羿的箭术比自己强了，于是害杀死了羿。

孟子说："这事也有羿自己的罪过。"

公明仪说："羿应该没有什么罪过吧。"

孟子说："罪过不大罢了，怎么能说没有呢？从前郑国派子濯孺子侵犯卫国，卫国派庾公的手下追击他。子濯说：'今天我的病发作了，不能够拿弓，我死定了！'又问给他驾车的人说：'追我的人是谁呀？'驾车的人答道：'是庾公。'子濯孺子便说：'那我不会死了。'给他驾车的人说：'庾公是卫国著名的射手，先生反而说不会死了，这是为什么呢？'子濯说：'庾公是向尹公学的射箭，尹公是向我学的射箭。尹公是个正直的人，他所选择的朋友也一定正直。'庾公追上来后，问道：'先生为什么不拿弓呢？'子濯说：'今天我疾病发作了，不能够张弓射箭。'庾公说：'我跟尹公学射箭，尹公又跟您学射箭。我不忍心用您的箭术反过来害您。不过，今天这事是奉君主之命，我不敢不做。'于是抽出箭，在车轮上敲打了几下，把箭头敲掉，射出四箭然后就回去了。"

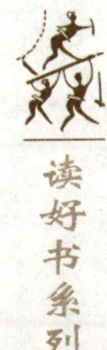

《孟子·离娄下》章句之

反躬自问

孟子曰："君子所以异于人者，以其存心也。君子以仁存心，以礼存心。仁者爱人，有礼者敬人。爱人者，人恒爱之；敬人者，人恒敬之。有人于此，其待我以横逆，则君子必自反也：我必不仁也，必无礼也，此物奚宜至哉？其自反而仁矣，自反而有礼矣，其横逆由是也，君子

必自反也：我必不忠。自反而忠矣，其横逆由是也，君子曰：'此亦妄人也已矣。如此，则与禽兽奚择哉？于禽兽又何难焉？'是故，君子有终身之忧，无一朝之患也。乃若所忧则有之：舜，人也；我，亦人也。舜为法于天下，可传于后世，我由（犹）未免为乡人也，是则可忧也。忧之如何？如舜而已矣。若夫君子所患则亡（无）矣。非仁无为也，非礼无行也。如有一朝之患，则君子不患矣。"

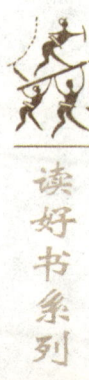

　　孟子说："君子这所以与一般人不同，是因为他们内心所怀的念头不同。君子内心所怀的念头是仁，是礼。仁爱的人爱别人，有礼节的人尊敬别人。爱护别人的人，别人也始终爱护他；尊敬别人的人，别人也始终尊敬他。假定这里有个人，他对我蛮横无礼，那君子必定反躬自问：我一定不仁，一定无礼吧，不然的话，他怎么会对我这样呢？如果反躬自问是仁的，是有礼的，而那人仍然蛮横无礼，君子必定再次反躬自问：我一定不忠吧？如果反躬自问是忠的，而那人仍然蛮横无礼，君子就会说：'这人不过是个狂人罢了。这样的人和禽兽有什么区别呢？而对禽兽又有什么可责难的呢？'所以君子有终身的忧虑，但没有一朝一夕的祸患。至于这样的忧虑是有的：舜是人，我也是人；舜是天下的楷模，名声传于后世，可我却不过是一个普通人而已。这个才是值得忧虑的事。忧虑又怎么办呢？像舜那样做罢了。至于君子别的什么忧虑就没有了。不是仁爱的事不做，不合于礼的事不做。即使有一时的祸患，君子也不会感到担忧了。"

《孟子·离娄下》章句之

不孝之举

孟子曰："世俗所谓不孝者五：惰其四支（肢），不顾父母之养，一不孝也；博弈好饮酒，不顾父母之养，二不孝也；好货财，私妻子，不顾父母之养，三不孝也；从（纵）耳目之欲，以为父母戮，四不孝也；好勇斗很（狠），以危父母，五不孝也。"

【译 文】

孟子说："人世间所认为不孝的情况有五种：四肢不勤，不赡养父母，这是第一种不孝；酗酒、聚赌，不赡养父母，这是第二种不孝；贪图钱财，袒护妻子儿女，不父母，这是第三种不孝；放纵自己的声色欲望，使父母蒙受羞辱，这是第四种不孝；喜好打架，因此连累父母，这是第五种不孝。"

孟子

《孟子·离娄下》章句之

齐人娇妻

　　齐人有一妻一妾而处室者，其良人出，则必餍（yàn）酒肉而后反（返）。其妻问所与饮食者，则尽富贵也。其

妻告其妾曰："良人出，则必餍酒肉而后反（返）；问其与饮食者，尽富贵也，而未尝有显者来，吾将瞷良人之所之也。"

蚤（早）起，施从良人之所之，遍国中无与立谈者。卒之东郭墦（fán）间之祭者，乞其馀（余）；不足，又顾而之他。此其为餍足之道也。

其妻归，告其妾曰："良人者，所仰望而终身也，今若此！"与其妾讪其良人，而相泣于中庭，而良人未之知也，施施从外来，骄其妻妾。

孟子

由君子观之，则人之所以求富贵利达者，其妻妾不羞也，而不相泣者，几希矣！

【译　文】

齐国有一个人，家里有一妻一妾。那位丈夫每次出门，必定是吃得很饱，又喝得醉醺醺才回家。他的妻子问他一起吃喝的是些什么人，他说全都是些有钱有势的人。他的妻子告诉他的妾说："丈夫出门，总是酒醉肉饱地回来，问他和些什么人吃喝，他说全都是些有钱有势的人，但我们却从来没见到什么有钱有势的人到家里来过，我打算悄悄地看看他到底去些什么地方。"

第二天早上起来，她便偷偷跟在丈夫的后面，走遍全城，没有看到一个人停下来和他丈夫说过话。最后他走到了东郊的墓地，向祭扫坟墓的人要些剩余的祭品吃；不够饱，又东张西望地到别处去乞讨。这就是他酒醉肉饱的办法。

他的妻子回到家里，告诉他的妾说："丈夫是我们仰望而终身依靠的人，现在他竟然是这个样子！"两个

人在庭院中相对哭泣，而丈夫还不知道，得意扬扬地从外面回来，在他的妻妾面前炫耀。

在君子看来，人们用来求取升官发财的方法，能够不使他们的妻妾引以为耻而共同哭泣的，太稀少了！

游鱼欺主

昔者有馈生鱼于郑子产，子产使校人畜之池。校人烹之，反命曰："始舍之圉（yǔ）圉焉，少则洋洋焉，攸（yōu）然而逝。"子产曰："得其所哉？得其所哉。"校人出，曰："孰谓子产智？予既烹而食之，曰：'得其所哉！得其所哉！'"故君子可欺以其方，难罔（wǎng）以非其道。

【译　文】

　　从前有人送条活鱼给郑国的子产，子产叫主管池塘的人把它畜养在池塘里。那人却把鱼煮吃了，并回报说："刚把它放进池塘里时，它还要半死不活的，一会儿便活跃起来了，一下子就游得不知去向了。"子产说："它去了它应该去的地方啦！"那人从子产那里出来后说："谁说子产聪明呢？我明明已经把鱼煮吃了，可他还说'它去了它应该去的地方啦！'"所以，对君子可以用合乎情理的方法来欺骗他，但很难用不合情理的方法来欺骗他。

孟子

《孟子·万章上》章句之

虞舜待天

万章曰："尧以天下与舜，有诸？"

孟子曰："否，天子不能以天下与人。"

"然则舜有天下也，孰与之？"曰："天与之。"

"天与之者，谆谆然命之乎？"曰："否，天不言，以行与事示之而已矣。"

曰："以行与事示之者，如之何？"曰："天子能荐人于天，不能使天与之天下；诸侯能荐人于天子，不能使天子与之诸侯；大夫能荐人于诸侯，不能使诸侯与之大夫。昔者，尧荐舜于天，而天受之；暴之于民，而民受之。故曰，天不言，以行与事示之而已矣。"

曰："敢问荐之于天，而天受之；暴之于民，而民受之，如何？"

曰："使之主祭，而百神享之，是天受之；使之主事，而事治，百姓安之，是民受之也。天与之，人与之，故曰：天子不能以天下与人。舜相尧二十有（又）八载，非人之所能为也，天也。尧崩，三年之丧毕，舜避尧之子于南河之南。天下诸侯朝觐（jìn）者，不之尧之子而之舜；讼狱者，不之尧之子而之舜；讴歌者，不讴歌尧之子而讴歌舜。故曰天也。夫然后之中国，践天子位焉。而居尧之宫，逼尧之子，是篡也，非天与也。《太誓》曰：'天视自我民视，天听自我民听。'此之谓也。"

【译 文】

万章问："尧把天下交给舜，有这回事吗？"孟子说："不，天子不能把天下交给别人。"

万章问："那么舜得到天下，是谁给他的呢？"孟子回答说："是天给他的。"

万章问："天给他时，反复叮咛告诫他了吗？"孟子说："不，天不说话，只拿行动和事情来表示罢了。"

万章问："拿行动和事情来表示，是怎样的呢？"

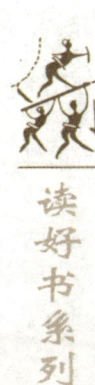

孟子回答说："天子能够向天推荐人，但不能让天把天下交给这个人；诸侯能够向天子推荐人，但不能强迫天子把诸侯之位交给这个人；大夫能够向诸侯推荐人，但不能叫诸侯让他做大夫。从前，尧向天推荐舜，天接受了；公布给百姓，百姓也接受了。所以说，天不说话，只是用行为和事实表示出来罢了。"

万章说："冒昧地问，推荐给天，天接受了；公开介绍给老百姓，百姓也接受了是怎么回事呢？"

孟子说："叫他主持祭祀，所有神明都来享用，这是天接受了；叫他主持政事，而政事被治理得很好，

孟
子

百姓安居乐业，这就是百姓也接受了。这是天把天下

交给他，百姓把天下交给他，所以说，天子不能够把天下交给他人。舜辅佐尧治理天下二十八年，这不是凭一个人的意志能够做得到的，而是天意。尧去世后，舜为他服丧三年，然后便避居于南河的南边去，为的是要让尧的儿子继承天下。可是，天下诸侯朝见天子的，都不到尧的儿子那里去，而到舜那里去；打官司的，都不到尧的儿子那里去，而到舜那里去；歌颂的人，也不歌颂尧的儿子，而歌颂舜。所以说这是天意。

这样，舜才回到中原，继承天子之位。如果先前舜就占据尧的宫室，逼迫尧的儿子让位，那就是篡夺，而不是上天交给他的了。《太誓》说过：'上天所见来自我们老百姓所见，上天所听来自我们老百姓所听。'说的正是这个意思。"

孟

子

交友之道

万章问曰："敢问友。"

孟子曰："不挟长，不挟贵，不挟兄弟而友。友也者，友其德也，不可以有挟也。孟献子，百乘之家也，有友五

人焉：乐正裘、牧仲，其三人，则予忘之矣。献子之与此五人者友也，无献子之家者也。此五人者，亦有献子之家，则不与之友矣。非惟百乘之家为然也，虽小国之君亦有之。费惠公曰：'吾于子思，则师之矣；吾于颜般，则友之矣；王顺、长息则事我者也。'非惟小国之君为然也，虽大国之君亦有之。晋平公之于亥唐也。入云则入，坐云则坐，食云则食；虽蔬食菜羹，未尝不饱，盖不敢不饱

孟子

也。然终于此而已矣。弗与共天位也，弗与治天职也，弗与食天禄也，士之尊贤者也，非王公之尊贤也。舜尚（上）见帝，帝馆甥于贰室，亦飨舜，迭为宾主，是天子而友匹夫也。用下敬上，谓之贵贵；用上敬下，谓之尊贤。贵贵尊贤，其义一也。"

读好书系列

【译　文】

万章问道："请问如何交友。"

　　孟子说："不倚仗年龄大，不倚仗地位高，不倚仗兄弟的势力去交朋友。交朋友是交品德，不能够有什么倚仗。孟献子是一位拥有百辆车马的大夫，他有五位朋友：乐正裘、牧仲，其余三位，我忘记了。献子与这五人交朋友，心目中并不存在自己是大夫的观念，这五人，如果心目中存有献子是大夫的观念，也就不与献子交朋友了。不仅具有百辆车马的大夫是这样，小国的国君也是如此。费惠公说：'我对于子思，把他尊为老师；我对于颜般，和他交为朋友；至于王顺和长息，则是侍奉我的人。'不仅小国的国君是这样，就是大国的国君也有这样的。晋平公对待亥唐，叫他进去就进去，叫他坐就坐，叫他吃就吃。即使是糙米饭小菜汤，也没有不吃饱的，因为不敢不吃饱。不过，晋平公也就是做到这一步而已。不同他一起共列官位，不同他一起治理政事，不同他一起享受俸禄，这只是一般士人尊敬贤者的态度，而不是王公贵族对贤者的态度。从前舜去拜见尧帝，尧安排他的这位女婿住在客店中。他请舜吃饭，舜也请他吃饭，二人互为客人和主人。这是天子与普通百姓交朋友的范例。

孟子

地位低下的人尊敬地位高贵的人，这叫尊敬贵人；地位高贵的人尊敬地位低下的人，这叫尊敬贤人。尊敬贵人和尊敬贤人，道理都是一样的。"

《孟子·万章下》章句之

司职尽责

孟子曰："仕非为贫也，而有时乎为贫；娶妻非为养也，而有时乎为养。为贫者，辞尊居卑，辞富居贫。辞尊居卑，辞富居贫，恶乎宜乎？抱关击柝（tuò）。孔子尝为委吏矣，曰：'会计当而已矣。'尝为乘田矣，曰：'牛羊

孟子

茁壮长而已矣。'位卑而言高，罪也；立乎人之本朝，而道不行，耻也。"

【译　文】

孟子说："做官不是因为贫穷，但有时也是因为贫穷；娶妻不是为了赡养父母，但有时也是为了赡养父母。因为贫穷而做官的，便应该拒绝高官而居于低位，拒绝厚禄而只受薄禄。既然拒绝高官而居于低位，拒绝厚禄而只受薄禄，那么做什么合适呢？比如说做守门打更一类的小官。孔子曾经做过管理仓库的小官，只说：'把出入的帐目算清楚了就好。'又曾经做过管理牲畜的小官，只说：'牛羊都长得很壮实就好。'地位低下却议论朝廷大事，这是罪过；身在朝廷做官而不能实现自己的抱负，这是耻辱。"

《孟子·万章下》章句之

交新结旧

孟子谓万章曰："一乡之善士，斯友一乡之善士；一国之善士，斯友一国之善士；天下之善士，斯友天下之善士。以友天下之善士为未足，又尚（上）论古之人。颂（诵）其诗，读其书，不知其人，可乎？是以论其世也。是尚友也。"

孟子

【译 文】

　　孟子对万章说："一个乡的优秀人物就和一个乡的优秀人物交朋友，一个国家的优秀人物就和一个国家的优秀人物交朋友，天下的优秀人物就和天下的优秀人物交朋友。如果认为和天下的优秀人物交朋友还不够，便又上溯古代的优秀人物。吟咏他们的诗，读他们的书，不知道他们到底是什么人，这能行吗？所以要研究他们所处的社会时代。这就是上溯历史与古人交朋友。"

《孟子·告子上》章句之

君善民兴

公都子曰："告子曰：'性无善无不善也。'或曰：'性可以为善，可以为不善。是故文武兴，则民好善；幽厉兴，则民好暴。'或曰：'有性善，有性不善。是故以尧

孟

子

为君而有象；以瞽瞍（gǔ sǒu）为父而有舜，以纣为兄之子且以为君，而有微子启、王子比干。'今曰'性善'，然则彼皆非与（欤）？"

孟子曰："乃若其情，则可以为善矣，乃所谓善也。若夫为不善，非才之罪也。恻隐之心，人皆有之；羞恶之心，人皆有之；恭敬之心，人皆有之；是非之心，人皆有之。恻隐之心，仁也；羞恶之心，义也；恭敬之心，礼也；是非之心，智也。仁义礼智，非由外铄我也，我固有之也，弗思耳矣。故曰：'求则得之，舍则失之。'或相倍蓰（xǐ）

而无算者，不能尽其才者也。《诗》曰：'天生烝民，有物有则。民之秉彝，好是懿德。'孔子曰：'为此诗者，其知道乎！故有物必有则；民之秉彝也，故好是懿德。'"

【译 文】

公都子说："告子说：'人性无所谓善良不善良。'又有人说：'人性可以为善，也可以为不善。所以周文王、周武王在位，老百姓就善良；周幽王、周厉王在位，老百姓就横暴。'也有人说：'有的人本性善良，有的人本性不善良。所以虽然有尧这样善良的人做天子，却有象这样不善良的臣民；虽然有瞽瞍这样不善良的父亲，却有舜这样善良的儿子；虽然有殷纣王这样不善良的侄儿，并且做了天子，却也有微子启、王子比干这样善良的长辈和贤臣。'如今老师说'人性本善'，那么他们都说错了吗？"

孟子说：'从人天生的性情来说，都可以为善的，这就是我说人性本善的意思。至于说有些人不善良，那不能归罪于天生的资质。同情心，人人都有；羞耻心，人人都有；恭敬心，人人都有；是非心，人人都

孟子

有。同情心属于仁；羞耻心属于义；恭敬心属于礼；是非心属于智。这仁义礼智都不是由外在的因素加给我的，而是我本身固有的，只不过平时没有去想它，因而不觉得罢了。所以说：'探求就可以得到，放弃便会失去。'人与人相差一倍、五倍甚至无数倍，正是由于没有充分发挥他们的天生资质。《诗经》说：'上天生育了人类，万事万物都有法则。老百姓掌握了这些法则，就会有崇高美好的品德。'孔子说：'写这首诗的人真懂得道理啊！有事物就一定有法则；老百姓掌握了这些法则，所以才崇尚美好的品德。'"

《孟子·告子上》章句之

一曝十寒

孟子曰："无或（惑）乎王之不智也。虽有天下易生之物也，一日暴之，十日寒之，未有能生者也。吾见亦罕

孟子

129

矣，吾退而寒之者至矣，吾如有萌焉何哉？今夫弈之为数，小数也；不专心致志，则不得也。弈秋，通国之善弈者也。使弈秋诲二人弈，其一人专心致志，惟弈秋之为听。一人虽听之，一心以为有鸿鹄将至，思援弓缴而射之，虽与之俱学，弗若之矣。为是其智弗若与？曰：非然也。"

【译　文】

　　孟子说："大王的不明智，没有什么迷惑的。即使是天下最容易生长的植物，曝晒它一天，又冻它十天，也没有能够生长的。我和大王相见的时候也太少了。我一离开大王，那些'冻'他的奸邪之人就去了，他即使有一点善良之心的萌芽也被他们冻杀了，我有什么办法呢？比如下棋，作为一种技艺只是一种小技艺；但如果不专心致志地学习，也是学不会的。弈秋是全国闻名的下棋高手，弈秋同时教两个人下棋，其中一个专心致志，只听弈秋的话，另一个虽然也在听，但心里面却老是觉得有天鹅要飞来，一心想着如何张弓搭箭去射它。这个人虽然与专心致志的那个人一起学习，却比不上那个人。是因为他的智力不如那个人吗？回答很明确：当然不是。"

孟子

《孟子·告子上》章句之

舍生取义

孟子曰："鱼，我所欲也，熊掌，亦我所欲也；二者不可得兼，舍鱼而取熊掌者也。生，我所欲也，义，亦我所欲也；二者不可得兼，舍生而取义者也。生亦我所欲，所欲有甚于生者，故不为苟得也；死亦我所恶，所恶有甚于死者，故患有所不辟（避）也。如使人之所欲莫甚于生，则凡可以得生者，何不用也？使人之所恶莫甚于死者，则凡可以辟（避）患者，何不为也？由是则生而有不用也，由是则可以辟（避）患而有不为也。是故所欲有甚于生者，所恶有甚于死者。非独贤者有是心也，人皆有之，贤者能勿丧耳。

一箪（dān）食，一豆羹（gēng），得之则生，弗得则死，呼尔而与之，行道之人弗受；蹴（cù）尔而与之，乞人不屑也。万钟则不辩（辨）礼义而受之。万钟于我何加焉？为宫室之美、妻妾之奉、所识穷乏者得我与？乡

读好书系列

（向）为身死而不受，今为宫室之美为之；乡（向）为身死而不受，今为妻妾之奉为之；乡（向）为身死而不受，今为所识穷乏者得我而为之，是亦不可以已乎？此之谓失其本心。"

【译　文】

　　孟子说："鱼是我想要的，熊掌也是我想要的；如果不能同时得到两样，我就舍弃鱼而选熊掌。生命是

孟

子

我想拥有的，道义也是我想拥有的；如果不能两样都拥有，我就舍弃生命而坚持道义。生命是我想拥有的，但是我想拥有的还有比生命更重要的，所以我不愿意苟且偷生；死亡是我厌恶的，但是还有比死亡更令我厌恶的，所以我不愿意因为厌恶死亡而逃避某些祸患。如果人们想要的东西没有比生命更重要的，那么，只要是可以活命的手段，为什么不采用呢？如果人们所厌恶的没有超过死亡的，那么，只要是可以躲避祸患的方法，为什么不采用呢？采用这个办法就可以生存，

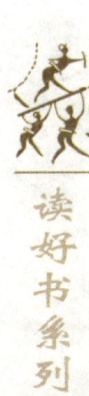

可是有些人就不采用；采用这个办法就可以躲避祸患，可是有些人却不采用。所以说有比生命更宝贵的东西，有比死亡更令人憎恶的东西。不仅仅贤能的人有这种想法，人人都有这种想法，只不过贤能的人能够不丧失罢了。

一碗饭，一碗汤，吃了便可以活下去，不吃就要饿死。如果呼喝着给人吃，过路的人即使饿着肚子也不会接受；如果用脚踢给人吃，就是乞丐也不屑于接受。可是现在，万钟的俸禄却有人不问合乎礼义与否就接受了。万钟的俸禄对我有什么好处呢？为了住宅的华丽、妻妾的奉养和我所认识的穷苦人感激我吗？过去宁肯死亡都不接受，现在却为了住宅的华丽而接受了；过去宁肯死亡都不接受，现在却为了妻妾的奉养而接受了；过去宁肯死亡都不接受，现在却为了我所认识的穷苦人感激我而接受了。这些不是可以停止的吗？这种做法叫作丧失了本性。"

孟

子

《孟子·告子上》章句之

舍本逐末

孟子曰："今有无名之指屈而不信（伸），非疾痛害事也，如有能信（伸）之者，则不远秦楚之路，为指之不若

人也。指不若人，则知恶之；心不若人，则不知恶。此之
谓不知类也。"

【译 文】

　　孟子说："当今有个人，他的无名指弯曲而不能伸

直，虽然并不疼痛，也不妨碍做事情，但只要有人能使它伸直，就是到秦国、楚国去，他也不会嫌远，这是因为他的无名指不如别人。手指不如别人，就知道厌恶；心不如别人，却不知道厌恶。这就是所谓的不知轻重，舍本逐末。"

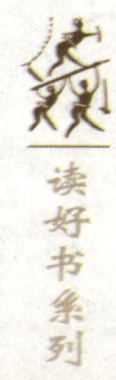

《孟子·告子上》章句之

重身则迷

公都子问曰："钧（均）是人也，或为大人，或为小人，何也？"

孟子曰："从其大体为大人，从其小体为小人。"

曰："钧（均）是人也，或从其大体，或从其小体，何也？"

曰："耳目之官不思，而蔽于物。物交物，则引之而已矣。心之官则思，思则得之，不思则不得也。此天之所与我者。先立乎其大者，则其小者不能夺也。此为大人而已矣。"

【译 文】

公都子问道："同样是人，有的被称为君子，有的被称为小人，这是为什么呢？"

孟子说："考虑大事的，就称为君子，考虑小事的，就称为小人。"

公都子说："同样是人，有的人考虑大事，有的人考虑小事，这又是为什么呢？"

孟子说："眼睛耳朵这类器官不会思考，所以被外物所蒙蔽，一与外物相接触，便会被引入迷途。心这个器官则有思考的能力，一思考就会得到答案，不思考就得不到答案。这是上天赋予我们人类的。所以，首先确立大事，小事就不会占据人们的心灵。这样便可以成为君子了。"

孟
子

《孟子·告子下》章句之

神形兼顾

曹交问曰："人皆可以为尧舜，有诸？"

孟子曰："然。"

"交闻文王十尺，汤九尺。今交九尺四寸以长，食粟

而已，如何则可？"

曰："奚有于是？亦为之而已矣。有人于此，力不能胜一匹雏，则为无力人矣。今曰举百钧，则为有力人矣。然则举乌获之任，是亦为乌获而已矣。夫人岂以不胜为患哉？弗为耳。徐行后长者谓之悌（弟），疾行先长者谓之不悌。夫徐行者，岂人所不能哉？所不为也。尧舜之道，孝悌（弟）而已矣。子服尧之服，诵尧之言，行尧之行，是尧而已矣。子服桀之服，诵桀之言，行桀之行，是桀而已矣。"

曰："交得见于邹君，可以假馆，愿留而受业于门。"

曰："夫道若大路然，岂难知哉？人病不求耳。子归而求之，有馀（余）师。"

【译 文】

曹交问道："人人都可以成为尧舜，有这说法吗？"孟子说："有。"

曹交说："我听说文王身高十尺，汤身高九尺，如今我身高九尺四寸，同样是吃粮食，要怎样做才能成为尧、舜呢？"

　　孟子说："这和身高有什么关系呢？只要去做就行了。要是有人，自以为他连一只小鸡都提不起来，那他便是一个没有力气的人。如今他说自己能够举起三千斤，那他就是一个很有力气的人。同样的道理，举得起乌获所举的重量的人，那他就是乌获了。人难道害怕的是不能胜任吗？只是不去做罢了。慢慢地走在长者的后边叫作悌；很快地走在长者之前叫作不悌。那么慢一点走难道是人做不到的吗？只是不去那么做而已。尧舜之道，不过就是孝和悌罢了。你穿尧的衣服，说尧的话，做尧的事，你便是尧了。你穿桀的衣服，说桀的话，做桀的事，你便是桀了。"

　　曹交说："我准备去拜见邹君，向他借个住处，愿意留在您的门下学习。"

　　孟子说："道就像大路一样，难道是很难理解的吗？人担忧的是不愿寻求。你回去自己寻求吧，老师多得很呢。"

何堪大任

孟子曰："舜发于畎（quǎn）亩之中，傅说举于版筑之间，胶鬲（gé）举于鱼盐之中，管夷吾举于士，孙叔敖举于海，百里奚举于市。故天将降大任于是人也，必先苦

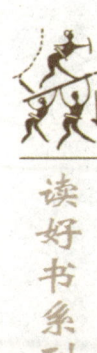

其心志，劳其筋骨，饿其体肤，空乏其身，行拂乱其所为，所以动心忍性，曾益其所不能。人恒过，然后能改；困于心，衡于虑，而后作；征于色，发于声，而后喻。入则无法家拂士，出则无敌国外患者，国恒亡。然后知生于忧患而死于安乐也。"

孟

子

【译 文】

　　孟子说："舜从田间劳动中成长起来，傅说从筑墙的工作中被选拔出来，胶鬲从贩卖鱼盐的商人之中被选拔出来，管夷吾从狱官手下被提拔，孙叔敖在海边隐居时被举荐，百里奚从市场上被选拔。所以，上天将要把重大使命降落到某人身上，一定要先使他的意志受到磨练，使他的筋骨受到劳累，使他忍饥挨饿，使他备受穷困之苦，做事总是不能顺利。用种种磨难来触动他的灵魂，坚韧他的性情，增长他的才能。人总是要经常犯错误，然后才能改正错误；心境困苦，思虑阻塞，然后才能奋发而起；显露在脸色上，表达在声音中，然后才能被人了解。一个国家，内没有有法度的大臣和敢于直谏的贤士，外没有敌对国家的忧患，这样的国家一定会灭亡。由此可以知道，忧患使人生存，安逸享乐却足以使人败亡。"

《孟子·尽心上》章句之

安详自得

孟子谓宋勾践曰："子好游乎？吾语子游。人知之，亦嚣嚣；人不知，亦嚣嚣。"

曰："何如斯可以嚣嚣矣？"

曰："尊德乐义，则可以嚣嚣矣。故士穷不失义，达不离道。穷不失义，故士得己焉；达不离道，故民不失望焉。古之人，得志，泽加于民；不得志，修身见（现）于世。穷则独善其身，达则兼济天下。"

【译　文】

孟子对宋勾践说："你喜欢游说吗？我告诉你游说的态度吧。别人理解，安详自得；别人不理解，也安详自得。"

宋勾践问："怎样才能做到安详自得呢？"

孟子

孟子说："尊崇道德，喜爱仁义，就可以安详自得了。所以士人穷困时不失去仁义；显达时不背离道德。穷困时不失去仁义，所以士人能得到本心；显达时不背离道德，所以老百姓不会对他失望。古代的人，得志时恩惠施于百姓；不得志时修养自身以显现于世间。穷困时独善其身，显达时兼济天下。"

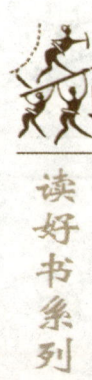

《孟子·尽心上》章句之

君子本性

孟子曰："广土众民，君子欲之，所乐不存焉；中天下而立，定四海之民，君子乐之，所性不存焉。君子所性，虽大行不加焉，虽穷居不损焉，分定故也。君子所性，

孟子

仁义礼智根于心，其生色也，睟（zuì）然见于面，盎于背，施于四体，四体不言而喻。"

【译　文】

孟子说："拥有广阔的土地、众多的人民，这是君子所期望的，但却不是他的快乐所在；立于天下的中央，安定天下的百姓，这是君子的快乐，但却不是他的本性所在。君子的本性，纵使他的抱负实现也不会增加，纵使他穷困也不会减少，因为他的本性已经固定。君子的本性，仁义礼智植根于内心，外表神色清和润泽，呈现于脸面，流溢于肩背，充实于四肢，四肢的动作，不用言语，别人也能理解。"

孟子说："仁德的言语不如仁德的声望那样深入人心，好的政令不如好的教育那样赢得民众。好的政令，百姓畏服；好的教育，百姓喜爱。好的政令得到百姓的财富，好的教育得到百姓的心。"

孟子